HEYNE<

Das Buch
Sich ein glückliches, erfülltes Leben erschaffen, alle selbst auferlegten Beschränkungen aufgeben – große Ziele, die Sie mit diesem Buch endlich erreichen können. Louise L. Hay verrät die wirksamsten Geheimnisse positiver Gedankenkraft – zum Wohle Ihrer Gesundheit, Finanzen und Beziehungen, zur Abwendung von Krisen, Druck und Stress.
Um sich selbst das ideale Leben zu erschaffen, sind nur drei Schritte nötig:
- Erkennen, dass zu viele unserer Gedanken – aus reiner Gewohnheit – negativ sind
- Unsere Gedankenmuster durch positive Selbstbeeinflussung in der gewünschten Weise verändern
- Endlich unser Glück umarmen wie einen geliebten Menschen!

Die Autorin
Louise L. Hay ist die erfolgreichste Lebenshilfe-Autorin der Welt mit einer Gesamtauflage von über 50 Millionen verkauften Büchern und Übersetzungen in mehr als 15 Sprachen. Ihre Methode zur Aktivierung der Selbstheilungskräfte von Körper, Geist und Seele begleitet unzählige Menschen auf dem Weg des persönlichen Wachstums. Die Autorin und Verlegerin lebt in Kalifornien.

Louise L. Hay

Du kannst es!

Durch Gedankenkraft die Illusion der Begrenztheit überwinden

Aus dem Englischen
von Manfred Miethe

WILHELM HEYNE VERLAG
MÜNCHEN

Verlagsgruppe Random House FSC® N001967
Das für dieses Buch verwendete
FSC®-zertifizierte Papier *Holmen Book Cream*
liefert Holmen Paper, Hallstavik, Schweden.

10. Auflage
Taschenbucherstausgabe 5/2010
Copyright © 2003 by Louise L. Hay
Die Originalausgabe »I Can Do It« erschien 2004
im Verlag Hay House, Inc., Kalifornien, USA.
Copyright © 2003 für die deutsche Ausgabe by Integral Verlag, München,
in der Verlagsgruppe Random House GmbH
Printed in Germany 2014
Redaktion: Anja Schmidt
Umschlaggestaltung: Guter Punkt, München
Umschlagmotiv: © Bonsai / Shutterstock
Herstellung: Helga Schörnig
Gesetzt aus der Bembo und Edwardian
bei Franzis print & media GmbH, München
Druck und Bindung: GGP Media GmbH, Pößneck
ISBN 978-3-453-70149-6

http://www.heyne.de

Ich widme dieses kleine Buch meinem immer größer werdenden Publikum. Ich wünsche mir, dass jeder Mensch lernt, Affirmationen einzusetzen, um Liebe, Frieden, Freude, Wohlstand und Wohlbefinden für sich zu kreieren.

Inhalt

Einführung: Die Macht der Affirmationen 9
1 Gesundheit 27
2 Vergebung 39
3 Wohlstand und Reichtum 51
4 Kreativität 63
5 Beziehungen und Liebe 73
6 Beruflicher Erfolg 85
7 Leben ohne Stress 99
8 Selbstwertgefühl 109
Schlusswort 121
Über Louise L. Hay 125

Einführung

Die Macht der Affirmationen

Heute ist ein neuer Tag. Heute ist der Tag, an dem Sie damit anfangen, sich ein glückliches, erfülltes Leben zu erschaffen. Heute ist der Tag, an dem Sie beginnen, all Ihre selbst auferlegten Beschränkungen aufzugeben. Heute ist der Tag, an dem Sie die Geheimnisse des Lebens lernen und anwenden werden.

Sie können Ihr Leben zum Besseren wenden. Alle Werkzeuge, die Sie dafür brauchen, befinden sich bereits in Ihrem Besitz. Diese Werkzeuge sind Ihre Gedanken und Ihre Überzeugungen. In diesem Buch werde ich Ihnen vermitteln, wie Sie diese Werkzeuge benutzen können, um Ihre Lebensqualität zu erhöhen.

Denjenigen unter Ihnen, denen der Nutzen positiver Affirmationen noch nicht bekannt ist, möchte ich zunächst etwas Grundlegendes erklären: In gewissem Sinne ist alles, was Sie sagen oder denken, eine Affirmation. Vieles von dem, was wir normalerweise sagen oder denken, ist ziemlich negativ und erschafft keine positiven Erfahrungen. Wenn wir unser Leben wirklich ändern wollen, müssen wir unser Denken und unsere Sprache von Grund auf ändern.

Eine Affirmation öffnet uns die Tür. Sie ist der Anfangspunkt auf dem Weg zum Wandel. Indem Sie Affirmationen anwenden, signalisieren Sie Ihrem Unbewussten: »Ich übernehme Verantwortung. Ich bin mir bewusst, dass ich etwas tun kann, um mich zu verändern.« Wenn ich davon spreche, Affirmationen einzusetzen, dann meine ich damit, ganz bewusst Worte zu wählen, die entweder dazu beitragen, etwas aus Ihrem Leben zu entfernen oder in Ihrem Leben etwas Neues zu erschaffen.

Jeder Gedanke, den Sie denken und jedes Wort, das Sie aussprechen, ist eine Affirmation. All unsere Selbstgespräche und unser innerer Dialog sind ein ununterbrochener Fluss von Affirmationen. Sie benutzen ständig Affirmationen – ob Sie sich dessen bewusst sind oder nicht. Sie erschaffen und bekräftigen die Erfahrungen Ihres Lebens mit jedem Ihrer Worte und mit jedem Ihrer Gedanken.

Unsere Überzeugungen sind nichts weiter als Denkmuster, die wir im Kindesalter erlernt haben. Viele von ihnen funktionieren recht gut. Aber andere Überzeugungen können unsere Fähigkeit beeinträchtigen, die Dinge zu erschaffen, die wir wollen. Was wir wollen und was wir glauben, verdient zu haben, kann sich allerdings sehr stark voneinander unterscheiden. Schenken Sie daher Ihren Gedanken mehr Aufmerksamkeit, damit Sie diejenigen eliminieren können, die Erfahrungen erschaffen, die Sie gar nicht machen möchten.

Bitte verstehen Sie, dass jedes Sich-Beklagen, jedes Sich-Beschweren etwas, das Sie eigentlich nicht wollen, noch bekräftigt. Jedes Mal, wenn Sie wütend werden, bekräftigen Sie damit, dass Sie mehr Wut und Zorn in Ihrem Leben haben wollen. Jedes Mal, wenn Sie sich als Opfer fühlen, bekräftigen Sie, dass Sie sich auch weiterhin als Opfer fühlen möchten. Wenn Sie glauben, dass Ihnen das Leben die Dinge, die Sie wollen, sowieso nicht geben wird, dann werden Sie die schönen Dinge, die das Leben anderen schenkt, mit Sicherheit niemals haben – und zwar so lange nicht, bis Sie Ihr Denken und Sprechen ändern.

Dass Sie so denken, wie Sie denken, macht Sie nicht zu einem schlechten Menschen. Sie haben einfach nie gelernt, wie man auf die rechte Art denkt und spricht. Überall auf der Welt fangen Menschen gerade erst an zu verstehen, dass unsere Gedanken unsere Erfahrungen erschaffen. Da Ihre Eltern dies vermutlich nicht wussten, konnten Sie es Ihnen auch unmöglich beibringen. Sie lehrten Sie, das Leben so zu sehen, wie sie es von ihren Eltern gelernt hatten. Niemanden trifft also irgendeine Schuld. Es ist allerdings an der Zeit, dass wir erwachen und anfangen, uns bewusst ein glückliches Leben zu erschaffen. Sie können es; ich kann es; wir alle können es – wir müssen nur lernen, *wie*. Und damit wollen wir jetzt beginnen.

In diesem Buch schreibe ich zunächst ganz allgemein über Affirmationen und dann konzentriere ich mich auf bestimmte Bereiche des Lebens und zeige Ihnen, wie Sie in Bezug auf Ihre Gesundheit, Ihre finanzielle Situation oder Ihr Liebesleben positive Veränderungen herbeiführen können. Dies ist ganz bewusst nur ein kleines Büchlein, denn sobald Sie einmal gelernt haben, Affirmationen einzusetzen, können Sie die Prinzipien in allen Lebenslagen anwenden.

Manche Menschen behaupten: »Affirmationen funktionieren nicht« (was übrigens selbst eine Affirmation ist), aber was sie in Wirklichkeit meinen, ist, dass sie nicht wissen, wie man Affirmationen korrekt einsetzt. So sagen sie zwar: »Mein Wohlstand nimmt zu«, denken aber »Mann, ist das blöde, das kann doch gar nicht funktionieren«. Was glauben Sie wohl, welche Affirmation gewinnen wird? Natürlich die negative, weil sie auf einem lebenslangen Denkmuster beruht. Manche Menschen sagen ihre Affirmationen einmal am Tag auf und beklagen sich dann für den Rest des Tages.

Es braucht sehr viel Zeit, bis Affirmationen, die auf diese Weise eingesetzt werden, etwas bewirken können. Die negativen Affirmationen werden immer gewinnen, weil es so viele von ihnen gibt und weil sie meistens mit großer emotionaler Intensität gedacht oder ausgesprochen werden.

Aber das Aufsagen von Affirmationen ist nur ein Teil des Prozesses. Was Sie den Rest des Tages und die Nacht über tun, ist noch viel wichtiger. Das Geheimnis, wie Ihre Affirmationen schnell und zuverlässig funktionieren können, liegt darin, eine Atmosphäre zu erschaffen, in der sie wachsen können. Affirmationen sind wie Samen, die man in die Erde legt. Ist der Boden schlecht, wird das Wachstum entsprechend sein. Ist der Boden aber gut, wird auch das Wachstum gut sein. Je öfter Sie sich dafür entscheiden, Gedanken zu denken, die Sie glücklich machen, desto schneller funktionieren Ihre Affirmationen.

Es ist also möglich und es ist ganz einfach: Denken Sie frohe Gedanken! Wie Sie jetzt denken, ist Ihre Entscheidung. Das mag Ihnen nicht klar sein, weil Sie so lange in althergebrachten Denkmustern gedacht haben, aber es ist wirklich Ihre Entscheidung. Jetzt … heute … in diesem Augenblick können Sie sich dafür entscheiden, Ihr Denken zu ändern. Ihr Leben wird sich deshalb nicht über Nacht grundlegend wandeln, aber wenn Sie am Ball bleiben und jeden Tag die Entscheidung treffen, Gedanken zu denken, die Sie glücklich machen, dann werden Sie in jedem Bereich Ihres Lebens positive Veränderungen erleben.

Jeden Morgen erwache ich voller Glück und Dankbarkeit für das wunderbare Leben, das ich führe, und treffe die Entscheidung, heute frohe Gedanken zu denken – ganz egal, was andere tun mögen. Ich tue das nicht ununterbrochen, aber ich bin bei 75 bis 80 Prozent angelangt, und es besteht darin ein Riesenunterschied zu früher, wie ich das Leben genieße und wie viel Gutes in mein alltägliches Leben strömt.

Der einzige Augenblick, in dem Sie jemals leben werden, ist *dieser* Augenblick. Dies ist die einzige Zeit, über die Sie die Kontrolle haben. Die Wörter »Präsent«, »Präsenz« und »Präsens« haben dieselbe Wurzel, deshalb sagt meine Yoga-Lehrerin Maureen MacGinnis in jeder Stunde, die sie hält: »Das Gestern ist Geschichte, das Morgen ist ein Mysterium, das Heute ist ein Geschenk – ein Präsent. Daher sagen wir ja auch Präsens dazu.« Wenn Sie sich nicht dafür entscheiden, sich jetzt in diesem Augenblick gut zu fühlen, wie wollen Sie dann zukünftige Momente des Glücks erschaffen?

Wie fühlen Sie sich jetzt in diesem Augenblick? Geht es Ihnen gut? Geht es Ihnen schlecht? Welche Gefühle spüren Sie gerade? Was sagt Ihr Bauch? Würden Sie sich gern besser fühlen? Dann greifen Sie nach einem besseren Gefühl oder Gedanken. Wenn es Ihnen auf irgendeine Weise schlecht geht, wenn Sie traurig, mürrisch, verbittert, verärgert, wütend, deprimiert, eifersüchtig oder voller Schuldgefühle sind, dann haben Sie vorübergehend die Verbindung zum Strom positiver Erfahrungen verloren, die das Universum für Sie bereithält. Verschwenden Sie keinen einzigen

Gedanken daran, irgendjemand die Schuld dafür zu geben. Weder Menschen noch Orte oder Dinge können Ihre Gefühle auf irgendeine Weise kontrollieren, weil sie nicht *Ihre* Gedanken denken können.

Das ist auch der Grund, warum Sie keine Kontrolle über andere Menschen haben: weil Sie ihre Gedanken nicht kontrollieren können. Niemand kann einen anderen Menschen kontrollieren – es sei denn, dieser andere gibt dazu seine Einwilligung. Seien Sie sich also bewusst, was für einen machtvollen Geist Sie besitzen. Sie können Ihr eigenes Denken vollkommen kontrollieren. Und das ist das Einzige, was Sie jemals vollständig kontrollieren werden. Was Sie sich entscheiden zu denken, das werden Sie vom Leben bekommen. Ich habe mich dafür entschieden, frohe und dankbare Gedanken zu denken – und Sie können das auch!

Welche Art von Gedanken macht Sie froh? Liebevolle? Dankbare? Gedanken, die glückliche Kindheitsmomente wachrufen? Gedanken der Freude darüber, am Leben zu sein? Gedanken, mit denen Sie Ihren Körper mit Liebe überschütten?

Genießen Sie den gegenwärtigen Augenblick wirklich und freuen Sie sich schon auf morgen? Derartige Gedanken zu denken ist ein Akt der Liebe zu sich selbst. Und wenn Sie sich selbst lieben, geschehen Wunder in Ihrem Leben.

Jetzt wollen wir uns den Affirmationen zuwenden. Affirmationen zu gebrauchen bedeutet, sich bewusst dafür zu entscheiden, bestimmte Gedanken zu denken, die zu positiven Ergebnissen in der Zukunft führen. So erschaffen wir einen mentalen Fokus, der es uns ermöglicht, unser Denken zu verändern. Affirmative Aussagen gehen über die gegenwärtige Realität hinaus und erschaffen die Zukunft durch Worte, die in der Gegenwart gebraucht werden.

Wenn Sie beispielsweise sagen: »Ich bin wohlhabend«, kann es durchaus sein, dass Sie im Augenblick sehr wenig Geld auf der Bank haben. Aber mit dem, was Sie sagen, pflanzen Sie den Samen zukünftigen Wohlstands. Jedes Mal, wenn Sie diese Aussage wiederholen, geben Sie den Samen, die

Sie in Ihrem Geist gepflanzt haben, neue Nahrung. Deshalb möchten Sie ja auch, dass Ihre geistige Grundstimmung froh ist. Schließlich gedeiht auf gutem fruchtbarem Boden alles besser.

Es ist wichtig, dass Sie Ihre Affirmationen immer in der Gegenwart und ohne innere Widersprüche formulieren. (Obwohl ich in meinen Büchern auch negative Formulierungen verwende, benutze ich sie in Affirmationen niemals, da ich deren Wirksamkeit nicht beeinträchtigen möchte.) Eine typische Affirmation beginnt etwa so: »Ich habe …« oder »Ich bin …«. Sagen Sie dagegen: »Ich werde …«, richten sich Ihre Gedanken auf die Zukunft und verweilen dort. Das Universum nimmt Ihre Gedanken und das, was Sie sagen wörtlich und gibt Ihnen genau das, was Sie formulieren. *Und zwar immer.* Aus diesem Grund sollten Sie auch eine frohe geistige Stimmung aufrechterhalten. Es ist einfacher, positive Affirmationen zu denken, wenn Sie sich gut fühlen.

Betrachten Sie es einmal so: Es kommt auf jeden einzelnen Gedanken an. Jeder positive Gedanke bringt Gutes in Ihr Leben. Jeder negative Gedanke drängt das Gute beiseite und sorgt dafür, dass es immer gerade außerhalb Ihrer Reichweite bleibt. Wie oft ist es Ihnen schon passiert, dass Sie etwas Gutes beinahe hatten und es wurde Ihnen dann in letzter Sekunde scheinbar weggeschnappt? Wenn Sie sich erinnern, wie Ihre geistige Verfassung zum damaligen Zeitpunkt war, haben Sie die Erklärung dafür. Zu viele negative Gedanken erschaffen eine Barriere gegen die Wirksamkeit positiver Affirmationen.

Sagen Sie beispielsweise: »Ich mag nicht mehr krank sein«, so ist das keine Affirmation für blühende Gesundheit. Sie müssen schon klar formulieren, was Sie wollen – etwa: »Ich heiße jetzt vollkommene Gesundheit willkommen.«

»Ich hasse dieses Auto« wird Ihnen nicht zu einem tollen neuen Wagen verhelfen, weil Sie sich nicht klar ausdrücken. Aber selbst wenn Sie ein neues Auto bekommen sollten, werden Sie es wahrscheinlich schon bald hassen, weil Sie genau das bekräftigt haben. Wenn Sie sich ein neues Auto wünschen, sollten Sie den Wunsch etwa so formulieren: »Ich habe ein tolles neues Auto, das meine Bedürfnisse vollkommen befriedigt.«

Sie haben sicherlich schon gehört, dass Leute

sagen: »Das Leben ist beschissen!« (Was wirklich eine ganz furchtbare Affirmation ist.) Können Sie sich ausmalen, welche Erfahrungen eine solche Aussage wohl nach sich zieht? Natürlich ist nicht das Leben beschissen, sondern Ihr Denken. Derartige Gedanken werden Ihnen ganz sicher dabei helfen, sich miserabel zu fühlen. Und wenn Sie sich miserabel fühlen, kann nichts Gutes in Ihr Leben treten.

Verschwenden Sie Ihre Zeit nicht damit, Argumente für Ihre Grenzen und Beschränkungen zu finden: für gescheiterte Beziehungen, Probleme, Krankheiten, Armut und so weiter. Je mehr Sie über Ihre Probleme reden, desto tiefer werden diese verankert. Geben Sie nicht anderen Menschen die Schuld für das, was in *Ihrem* Leben schief geht. Auch das ist reine Zeitverschwendung. Denken Sie daran, dass Sie den Gesetzmäßigkeiten Ihres eigenen Bewusstseins unterworfen sind und dass Sie aufgrund Ihres Denkens bestimmte Erfahrungen anziehen.

Wenn Sie anfangen, Ihre Denkprozesse zu verändern, wird sich alles andere in Ihrem Leben ebenfalls wandeln. Sie werden freudig erstaunt feststellen, wie sehr sich Menschen, Orte, Dinge und Umstände ändern können. Schuldzuweisungen sind nur eine weitere Form der negativen Affirmation und Sie sollten Ihre kostbaren Gedanken nicht darauf verschwenden. Stattdessen sollten Sie lernen, Ihre negativen Affirmationen in positive zu verwandeln. Ein paar Beispiele:

Aus:	wird:
»Ich hasse meinen Körper.«	»Ich liebe und ehre meinen Körper.«
»Ich habe nie genug Geld.«	»Geld strömt im Überfluss in mein Leben.«
»Ich habe es satt, krank zu sein.«	»Ich gestatte meinem Körper, zu blühender Gesundheit zurückzufinden.«
»Ich bin zu dick.«	»Ich ehre meinen Körper und kümmere mich gut um ihn.«
»Niemand liebt mich.«	»Ich strahle Liebe aus und Liebe erfüllt mein Leben.«
»Ich bin nicht kreativ.«	»Ich entdecke Talente, die mir bisher verborgen waren.«

»Ich stecke in diesem miesen Job fest.«

»Ich bin nicht gut genug.«

»Es öffnen sich mir wunderbare neue Türen.«

»Ich bin dabei, mich positiv zu verändern und ich verdiene das Beste.«

Das bedeutet nun aber nicht, dass Sie sich wegen jedes Gedankens, den Sie denken, Sorgen machen müssen. Wenn Sie anfangen, Ihren Gedanken wirklich Aufmerksamkeit zu schenken, werden Sie entsetzt sein, wie negativ Ihr Denken bisher war. Wenn Sie also einen negativen Gedanken bemerken, dann denken Sie einfach: »Dies ist ein alter Gedanke. Ich entscheide mich dafür, nicht mehr so zu denken.« Dann ersetzen Sie ihn sofort durch einen positiven Gedanken. Denken Sie daran, dass Sie sich so gut wie möglich fühlen möchten und dass Verbitterung, Groll, Schuldzuweisungen oder Schuldgefühle dafür sorgen, dass es Ihnen schlecht geht. Und diese Angewohnheit wollen Sie ja gerade aufgeben.

Eine andere Barriere, die verhindert, dass positive Affirmationen wirken können, ist das Gefühl, das Gute im Leben nicht wirklich verdient zu haben. Wenn das Ihr Thema ist, können Sie mit Kapitel 8 (Selbstwertgefühl) beginnen. Schauen Sie einmal, wie viele der Affirmationen zur Stärkung des Selbstwertgefühls Sie auswendig lernen können und wiederholen Sie diese dann so oft wie möglich. Das wird dazu beitragen, dass sich das Gefühl der Wertlosigkeit, das Sie mit sich herumschleppen, in eine Würdigung Ihres Selbstwertes verwandelt. Dann werden Sie sehen, wie Ihre positiven Affirmationen Wirklichkeit werden.

Affirmationen sind Lösungen, die alle Probleme, die Sie möglicherweise haben, ersetzen. Wenn Sie ein Problem haben, wiederholen Sie immer wieder:

»Alles ist gut. Alles entwickelt sich zu meinem Besten. Nur Gutes wird aus dieser Situation entstehen. Ich bin in Sicherheit.«

Diese einfache Affirmation wird Wunder wirken.

Ich schlage außerdem vor, dass Sie Menschen, die diesen Ideen ablehnend gegenüberstehen, nichts von Ihren Affirmationen erzählen. Besonders am Anfang ist es das Beste, wenn Sie Ihre Gedanken für sich behalten – bis Sie die gewünschten Resultate bekommen. Dann werden Ihre Freunde erstaunt fragen:»Dein Leben hat sich dermaßen verändert. Du bist so anders geworden. Wie hast du das bloß gemacht?«

Ich empfehle Ihnen, diese Einführung mehrmals durchzulesen, bis Sie die Prinzipien wirklich verstehen, sodass Sie sie auch leben können. Konzentrieren Sie sich dann auf die Kapitel, die die größte Bedeutung für Sie haben und wenden Sie die entsprechenden Affirmationen an. Und erfinden Sie Ihre eigenen Affirmationen!

Hier sind einige Affirmationen, die Sie jetzt sofort anwenden können:

»Ich kann ein gutes Verhältnis zu mir selbst haben!«
»Ich kann mein Leben zum Positiven verändern!«
»Ich kann es!«

1

Gesundheit

Wenn Sie möchten, dass Ihr Körper gesünder wird, dann gibt es eine Sache, die Sie niemals tun dürfen: Sie dürfen auf keinen Fall wütend auf Ihren Körper werden. Wut ist eine Affirmation, die Ihrem Körper mitteilt, dass Sie ihn oder einen Teil von ihm hassen. Ihre Zellen registrieren jeden Ihrer Gedanken sehr genau. Betrachten Sie Ihren Körper als einen Diener, der sein Möglichstes tut, um Sie mit vollkommener

Gesundheit zu erfreuen – und zwar unabhängig davon, wie Sie ihn behandeln.

Ihr Körper weiß, wie er sich selbst heilen kann. Wenn Sie ihn mit gesunder Nahrung und den richtigen Getränken versorgen, ihm Bewegung verschaffen, für ausreichend Schlaf sorgen und dann noch frohe Gedanken hegen, machen Sie ihm seine Aufgabe leicht. Dann arbeiten alle Körperzellen in einer frohen, gesunden Atmosphäre. Aber wenn Sie ein Stubenhocker sind, der seinen Körper mit Abfall voll stopft und eine Menge Alkohol trinkt, wenn Sie nicht genug schlafen und häufig mürrisch und reizbar sind, dann geraten die Zellen Ihres Körpers ins Hintertreffen, weil sie in einer derart unangenehmen Atmosphäre arbeiten müssen. Sollte das zuletzt Gesagte auf Sie zutreffen, dann ist es kein Wunder, dass Ihr Körper nicht so gesund ist, wie Sie es gern hätten.

Sie werden niemals gesund werden, indem Sie über Ihre Krankheiten sprechen oder an sie denken. Gesundheit ist die Folge von Liebe und Dankbarkeit. Überschütten Sie Ihren Körper mit so viel Liebe wie möglich. Sprechen Sie liebevoll mit ihm. Berühren und streicheln Sie ihn zärtlich.

Wenn es einen Teil Ihres Körpers gibt, der kränkelt oder aus dem Gleichgewicht geraten ist, dann sollten Sie ihn wie ein krankes Kind behandeln. Sagen Sie ihm, wie sehr Sie ihn lieben und dass Sie alles tun werden, damit er so schnell wie möglich wieder gesund werden kann.

Wenn Sie krank sind, sollten Sie mehr tun, als nur zum Arzt zu gehen und sich ein Medikament abzuholen, das die Symptome behandelt. Schließlich hat Ihr Körper Ihnen gerade mitgeteilt, dass Sie etwas tun, das nicht gut für ihn ist. Sie müssen mehr über Gesundheit lernen, denn je mehr Sie lernen, desto leichter wird es, sich angemessen um Ihren Körper zu kümmern. Ganz sicher wollen Sie sich nicht dafür entscheiden, sich als Opfer zu fühlen. Tun Sie es dennoch, geben Sie Ihre Macht freiwillig ab.

Sie können zum Beispiel in einen Buchladen gehen und sich eines der vielen guten Bücher besorgen, die Ihnen zeigen, wie Sie gesund bleiben können. Sie können auch zu einer Ernährungsberaterin gehen und gemeinsam mit ihr eine gesunde Diät speziell für Sie ausarbeiten. Aber ganz gleich, was Sie tun: Erschaffen Sie eine gesunde, frohe geistige Atmosphäre. Seien Sie ein williger Teilnehmer Ihres eigenen Gesundungsprozesses.

Ich bin überzeugt davon, dass wir jede so genannte Krankheit in unserem Körper selbst erschaffen. Denn der Körper ist – wie alles andere im Leben – ein Spiegel unserer Gedanken und Überzeugungen. Unser Körper spricht ständig mit uns, wir müssen uns nur die Zeit nehmen, ihm zuzuhören. Jede Zelle unseres Körpers reagiert auf jeden Gedanken, den wir denken, und auf jedes Wort, das wir sagen.

Eingefleischte Denk- und Sprachmodi erzeugen körperliche Haltungen, Ausdrucks- und Verhaltensweisen, die entweder entspannt oder angespannt sind. Ein Mensch, der ständig ein verkniffenes Gesicht zur Schau trägt, hat das sicher nicht dadurch erzeugt, dass er fröhliche, liebevolle Gedanken gedacht hat. Die Körper und Gesichter älterer Menschen zeigen ihre lebenslangen Denkmuster in aller Deutlichkeit. Wie werden *Sie* aussehen, wenn Sie alt sind?

Akzeptieren Sie, dass Ihr Leben keine wahllose Aneinanderreihung zufälliger Ereignisse ist, sondern ein Weg des Erwachens. Wenn Sie jeden Tag mit dieser Einstellung leben, werden Sie niemals alt werden. Sie werden einfach immer weiterwachsen. Betrachten Sie den Tag, an dem Sie 49 werden, als Eintrittspunkt in die Kindheit eines anderen Lebens. Eine Frau, die heute 50 wird und weder Krebs noch eine Herzkrankheit hat, kann damit rechnen, Ihren zweiundneunzigsten Geburtstag zu erleben. Sie – und nur Sie! – besitzen die Fähigkeit, Ihren eigenen Lebenszyklus individuell zu gestalten. Verändern Sie also jetzt Ihr Denken und fangen Sie gleich damit an. Sie sind aus einem sehr wichtigen Grund hier, und alles, was Sie brauchen, steht Ihnen zur Verfügung.

Sie können sich dafür entscheiden, Gedanken zu denken, die eine geistige Atmosphäre erschaffen, die zur Krankheit führt, oder Sie können sich entscheiden, Gedanken zu denken, die sowohl in Ihrem Innern als auch im Äußeren eine gesunde Atmosphäre erzeugen. (Mein Buch *Heile deinen Körper* behandelt ausführlich die metaphysischen Ursachen von Krankheit und beinhaltet alle Affirmationen, die Sie brauchen, um jedes Leiden zu überwinden.)

Positive Affirmationen, um die Gesundheit zu verbessern

»Ich nehme die Nahrung zu mir, die meinem Körper gut tut. Ich liebe jede Zelle meines Körpers.«

»Ich treffe nur gesunde Entscheidungen. Ich respektiere mich selbst.«

»Ich freue mich auf ein Alter in Gesundheit, weil ich mich schon jetzt liebevoll um meinen Körper kümmere.«

»Ich entdecke ständig neue Möglichkeiten, noch gesünder zu werden.«

»Ich bin schmerzfrei und völlig im Einklang mit dem Leben.«

»Ich bringe meinen Körper in einen optimalen Gesundheitszustand, indem ich ihm auf allen Ebenen gebe, was er braucht.«

»Heilung geschieht von selbst! Ich trete beiseite und gestatte es der Intelligenz meines Körpers, sich auf natürliche Weise zu heilen.«

»Mein Körper tut immer sein Bestes, um vollkommene Gesundheit zu erreichen.«

»Ich finde den perfekten Ausgleich zwischen Arbeit, Ruhe und Vergnügen. Alle drei bekommen gleich viel Zeit.«

»Ich bin dankbar, dass ich heute am Leben bin. Voller Freude und Vergnügen erlebe ich einen weiteren wunderbaren Tag.«

»Ich bin bereit, um Hilfe zu bitten, wenn ich sie brauche. Ich suche mir immer den medizinischen Beistand aus, der meine Bedürfnisse optimal erfüllt.«

»Ich vertraue meiner Intuition. Ich bin bereit, auf die kleine Stimme in meinem Inneren zu hören.«

»Ich bekomme nachts ausreichend Schlaf. Mein Körper schätzt, wie ich für ihn sorge.«

»Ich tue liebevoll alles, was ich kann, um meinen Körper dabei zu unterstützen, vollkommen gesund zu sein.«

»Frohe Gedanken helfen mir, einen gesunden Körper zu erschaffen.«

»Vollkommene Gesundheit ist mein gottgegebenes Recht. Ich erhebe jetzt Anspruch darauf.«

»Ich verbringe einen Teil meiner Zeit damit, anderen zu helfen. Das ist auch für meine eigene Gesundheit gut.«

»Ich bin dankbar, dass ich einen gesunden Körper habe. Ich liebe das Leben.«

»Ich bin der einzige Mensch, der Kontrolle über meine Essgewohnheiten hat. Wenn ich mich dafür entscheide, kann ich jeder Versuchung widerstehen.«

»Wasser ist mein Lieblingsgetränk. Ich trinke viel Wasser, um Körper und Geist zu reinigen.«

»Der schnellste Weg zu guter Gesundheit besteht darin, meinen Geist mit guten Gedanken zu füllen.«

»Ich habe einen besonderen Schutzengel. Ich werde vom Göttlichen geführt und beschützt.«

»Ich wende mich nach innen und verbinde mich mit dem Teil in mir, der weiß, wie man heilt.«

»Ich atme tief und voll. Der Atem des Lebens strömt in mich ein und nährt mich.«

2

Vergebung

Sie werden sich niemals von Ihrer Verbitterung befreien können, solange Sie unversöhnliche Gedanken denken. Wie sollen Sie jetzt in diesem Augenblick glücklich sein können, wenn Sie sich weiterhin dafür entscheiden, wütend und voller Groll zu sein? Gedanken der Verbitterung können keine Freude erzeugen. Ganz gleich, wie sehr Sie sich im Recht fühlen, ganz gleich, was »die anderen« getan haben mögen, wenn Sie darauf bestehen, die Vergangenheit festzuhalten, werden Sie niemals frei sein können. Erst wenn Sie sich selbst und anderen vergeben, werden Sie von den Ketten der Vergangenheit befreit.

Wenn Sie das Gefühl haben, auf irgendeine Weise festzustecken oder wenn Ihre Affirmationen nicht funktionieren, dann bedeutet das in den meisten Fällen, dass Sie noch nicht vollständig vergeben haben. Wenn Sie sich nicht im gegenwärtigen Augenblick frei vom Fluss des Lebens mittragen lassen können, bedeutet das meistens, dass Sie an einem vergangenen Moment festhalten. Diese Tatsache kann sich in Bedauern, Trauer, Schmerz, Angst, Schuldgefühlen oder Schuldzuweisungen, Wut, Groll und manchmal sogar im Wunsch nach Rache ausdrücken. Jedes dieser Gefühle hat seinen Ursprung in der Unfähigkeit zu vergeben, in der Weigerung loszulassen und ganz in die Gegenwart zu kommen. Aber nur im gegenwärtigen Augenblick können Sie Ihre Zukunft erschaffen.

Solange Sie die Vergangenheit festhalten, können Sie nicht in der Gegenwart sein. Aber nur im jetzigen Augenblick besitzen Ihre Worte und

Gedanken Macht. Und wollen Sie die Macht Ihrer gegenwärtigen Gedanken wirklich verschwenden, indem Sie die Zukunft auch weiterhin aus dem Müll der Vergangenheit erschaffen?

Wenn Sie einem anderen Menschen Schuld zuweisen, geben Sie Ihre eigene Macht auf, da Sie damit die Verantwortung für Ihre eigenen Gefühle jemand anderem übergeben. Es mag schon sein, dass bestimmte Menschen in Ihrer Umgebung unangenehme Reaktionen in Ihnen auslösen, aber sie haben sich nicht in Ihrem Geist eingenistet und die »Knöpfe« installiert, die nun gedrückt werden. Indem Sie die Verantwortung für Ihre eigenen Gefühle und Reaktionen übernehmen, erlangen Sie Meisterschaft in der Fähigkeit, in jeder Situation angemessen zu agieren. Mit anderen Worten: Sie lernen, sich bewusst zu entscheiden, statt blind zu reagieren.

Vergebung ist für viele Menschen ein kompliziertes und verwirrendes Konzept, aber Sie sollten wissen, dass zwischen Vergebung und Akzeptanz ein großer Unterschied besteht. Jemandem zu vergeben bedeutet nicht, mit seinen Handlungen einverstanden zu sein oder sie gar gutzuheißen. Der Akt der Vergebung findet in Ihrem eigenen Geist statt und hat eigentlich gar nichts mit der anderen Person zu tun. Die wahre Bedeutung echter Vergebung besteht darin, dass Sie sich selbst von Schmerz befreien. Sie lassen einfach die negative Energie los, an die Sie sich bisher geklammert haben.

Vergebung bedeutet auch nicht, zuzulassen, dass die verletzenden Verhaltensweisen oder Handlungen anderer Menschen Ihnen gegenüber fortgesetzt werden. Manchmal bedeutet Vergebung einfach nur, andere Menschen gehen zu lassen. Für Ihre eigenen Interessen einzustehen und anderen gesunde Grenzen zu ziehen ist oft das Liebevollste, was Sie tun können – und zwar nicht nur für sich selbst, sondern auch für die anderen.

Ganz gleich, aus welchem Grund Sie auch immer bittere, unversöhnliche Gefühle hegen mögen, Sie *können* über sie hinausgehen. Die Wahl liegt bei Ihnen. Sie können sich dafür entscheiden, auch weiterhin verbittert zu sein, oder Sie können sich selbst einen Gefallen tun und bereit sein, das, was in der Vergangenheit geschehen ist, zu vergeben, es loszulassen und dann weiterzugehen, um sich ein glückliches, erfülltes Leben zu erschaffen. Sie haben die Freiheit, aus Ihrem Leben zu machen, was Sie wollen, weil Sie einen freien Willen besitzen.

Positive Affirmationen, um zu vergeben

»Die Tür zu meinem Herzen öffnet sich nach innen. Durch Vergebung gelange ich zur Liebe.«

»Heute höre ich auf meine Gefühle und bin gut zu mir selbst. Ich weiß, dass alle meine Gefühle Freunde sind.«

»Indem ich meine Gedanken ändere, wandelt sich meine Umwelt.«

»Da die Vergangenheit vorbei ist, besitzt sie jetzt keine Macht mehr. Die Gedanken dieses Augenblicks erschaffen meine Zukunft.«

»Es macht keinen Spaß, Opfer zu sein. Ich weigere mich, weiterhin hilflos zu sein. Ich erhebe Anspruch auf meine eigene Macht.«

»Ich schenke mir Freiheit von der Vergangenheit und schreite freudig ins Jetzt hinein.«

»Ich bekomme jegliche Hilfe, die ich brauche, wenn ich sie brauche. Der Kreis derer, die mich unterstützen, ist stark und liebevoll.«

»Es gibt kein Problem, das so groß oder so klein ist, dass es nicht durch Liebe gelöst werden kann.«

»Ich bin bereit, geheilt zu werden. Ich bin bereit, zu vergeben. Alles ist gut.«

»Wenn ich einen Fehler mache, erkenne ich, dass auch dieser Teil des Lernprozesses ist.«

»Ich gehe über Vergebung hinaus und gelange zu tiefer Einsicht. Ich habe Mitgefühl mit allen Wesen.«

»Jeder Tag ist eine neue Chance. Gestern ist erledigt und vorbei. Heute ist der erste Tag meiner Zukunft.«

»Vergebe ich mir selbst, so wird es leichter, auch anderen zu vergeben.«

»Ich bin versöhnlich, liebevoll, sanftmütig und gütig und ich weiß, dass mich das Leben liebt.«

»Ich weiß, dass mich alte negative Muster nicht mehr einschränken. Ich lasse sie mit Leichtigkeit los.«

»Ich liebe und akzeptiere meine Familie genau so, wie sie im Augenblick ist.«

»Ich vergebe mir dafür, nicht vollkommen zu sein. Ich lebe, so gut ich kann.«

»Ich kann niemanden verändern. Ich lasse andere so sein, wie sie sind, und liebe mich einfach so, wie ich bin.«

»Es ist nun sicher, alle meine Kindheitstraumata loszulassen und mich der Liebe hinzugeben.«

»Ich weiß, dass ich für andere Menschen keine Verantwortung übernehmen kann. Wir alle unterliegen den Gesetzmäßigkeiten unseres eigenen Bewusstseins.«

»Ich kehre zur elementaren Weisheit des Lebens zurück: zu Vergebung, Mut, Dankbarkeit, Liebe und Humor.«

»Alle Menschen in meinem Leben haben mich etwas zu lehren. Es hat einen Sinn, dass wir zusammen sind.«

»Ich vergebe allen Menschen aus meiner Vergangenheit für alles, was sie mir scheinbar angetan haben. Ich lasse sie in Liebe los.«

»Alle Veränderungen, die vor mir liegen, sind positiv. Ich bin in Sicherheit.«

3

Wohlstand und Reichtum

Sie werden niemals Wohlstand erschaffen, indem Sie über den Mangel an Geld reden oder daran denken. Derartige Gedanken sind reine Zeitverschwendung und können Ihnen keinen Überfluss bescheren. Wenn Sie sich auf den Mangel konzentrieren, entsteht nur größerer Mangel. Der Gedanke an Armut erzeugt noch größere Armut. Gedanken der Dankbarkeit hingegen bringen Überfluss.

Es gibt ein paar negative Affirmationen und Einstellungen, die den Wohlstand garantiert verhindern. Zum Beispiel: »Ich habe nie genug Geld!« Was für eine furchtbare Affirmation! Unproduktiv ist auch: »Das Geld fließt schneller raus, als es reinkommt.« Das ist Armutsbewusstsein der schlimmsten Sorte. Das Universum kann nur auf das reagieren, was Sie über sich selbst und Ihr Leben glauben. Überprüfen Sie, welche negativen Gedanken Sie in Bezug auf Geld haben, und fassen Sie dann den Entschluss, sie aufzugeben und loszulassen. Sie haben Ihnen in der Vergangenheit nicht geholfen und sie werden es auch in Zukunft nicht tun.

Manche Menschen glauben, all ihre finanziellen Probleme wären vorbei, wenn sie Geld von einem verschollenen Verwandten erben oder im Lotto gewinnen würden. Natürlich kann man derartige Fantasien haben oder einmal aus Spaß einen Lottoschein ausfüllen, aber bitte schenken Sie derartigen Gedanken nicht zu viel Aufmerksamkeit. Denn sie sind letztlich Ausdruck von Mangel- oder Armutsbewusstsein und werden Ihnen langfristig nichts Gutes bringen. Ein Lottogewinn verändert das Leben der Betroffenen ohnehin nur sehr selten zum Positiven. Bereits nach zwei Jahren haben die meisten Lottogewinner ihr Geld wieder verloren, haben nichts dafür vorzuzeigen und sind oft sogar noch schlimmer dran als vorher.

Geld, das man auf diese Weise bekommt, löst nur selten das Problem. Warum? Weil damit kein Bewusstseinswandel einhergeht. Denn eigentlich sagen Sie dem Universum: »Ich habe es nicht verdient, dass Gutes in mein Leben tritt – außer vielleicht durch einen dummen Zufall.«

Wenn Sie nur Ihr Bewusstsein und Ihr Denken ändern und zulassen, dass der Überfluss des Universums auch Teil Ihrer Erfahrung wird, bekommen Sie all die Dinge, die Sie sich von einem Lottogewinn erhoffen. Und Sie können sie behalten, weil sie Ihnen rechtmäßig gehören. Affirmieren, aussprechen, akzeptieren und zulassen sind die Schritte, um größeren Reichtum zu erlangen, als man jemals im Lotto gewinnen könnte.

Auch Unehrlichkeit kann ein Grund dafür sein, dass Glück und Erfolg nicht zu Ihnen kommen.

Was Sie geben, wird zu Ihnen zurückkehren. *Immer*. Wenn Sie dem Leben etwas wegnehmen, wird das Leben Ihnen etwas wegnehmen. So einfach ist das. Sie haben vermutlich nicht das Gefühl, dass Sie stehlen, aber was ist mit den Büroklammern und den Briefmarken, die Sie von der Arbeit mit nach Hause nehmen? Stehlen Sie anderen Menschen die Zeit oder rauben Sie anderen ihre Würde? Erschleichen Sie sich eine Beziehung durch Unehrlichkeit? All das zählt, weil es dem Universum sagt: »Ich habe nichts Gutes verdient. Deshalb muss ich es mir erschleichen oder es mir heimlich nehmen.«

Werden Sie sich der Überzeugungen bewusst, die den Fluss des Geldes in Ihrem Leben blockieren. Verändern Sie diese Überzeugungen und kreieren Sie ein neues Denken des Überflusses. Selbst wenn das bisher niemand in Ihrer Familie getan hat, können Sie Ihren geistigen Horizont erweitern und die Idee zulassen, dass Geld in Ihr Leben strömt.

Wenn Sie erfolgreich sein wollen, dann müssen Sie Erfolgsdenken einsetzen. Es gibt zwei Affirmationen, die ich seit vielen Jahren benutze und die für mich ausgezeichnet funktionieren. Sie werden auch bei Ihnen funktionieren. Sie lauten:

»Mein Einkommen nimmt ständig zu.«
»Ich habe bei allem, was ich anpacke, Erfolg.«

Ich hatte nur wenig Geld, als ich damit anfing, diese beiden Affirmationen anzuwenden, aber durch ständige Wiederholung sind sie für mich wahr geworden.

Schon seit langem glaube ich daran, dass die Geschäftswelt ein Bereich ist, in dem wir uns gegenseitig helfen und unterstützen sollten. Ich habe die Ellenbogenmentalität nie verstanden und nie begriffen, warum man andere übervorteilen oder sogar betrügen sollte. Das scheint mir keine besonders freudvolle Art und Weise zu sein, sein Leben zu leben. Es gibt so viel Überfluss auf der Welt, wir müssen ihn nur erkennen und miteinander teilen.

Es ist immer die Politik meines Verlags *Hay*

House gewesen, ehrlich und rechtschaffen zu sein. Wir halten immer Wort, machen unsere Arbeit gut und behandeln andere großzügig und respektvoll. Wenn Sie so leben, ist es unmöglich, das Geld von sich fern zu halten, denn das Universum wird Sie bei jeder sich bietenden Gelegenheit belohnen. Heute haben wir einen ausgezeichneten Ruf in der Verlagswelt und so viel zu tun, dass wir manche Aufträge ablehnen müssen. Wir wollen nämlich nicht so groß werden, dass die persönliche Note dabei verloren geht. Und wenn ich – ein missbrauchtes Kind, das nicht einmal die High School abgeschlossen hat – das kann, dann können Sie es auch.

Stellen Sie sich einmal am Tag mit ausgebreiteten Armen hin und sagen Sie voller Freude:

»Ich bin für all das Gute und den ganzen Überfluss des Universums offen und empfänglich. Danke, Leben.«

Das Leben wird Sie hören und Ihnen antworten.

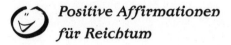

Positive Affirmationen für Reichtum

»Ich bin ein Geldmagnet. Reichtum jeglicher Art fühlt sich von mir angezogen.«

»Ich denke groß und gestatte mir selbst, noch mehr Gutes vom Leben anzunehmen.«

»Wo auch immer ich arbeite, werde ich geschätzt und gut entlohnt.«

»Heute ist ein wunderbarer Tag. Geld kommt über erwartete und unerwartete Kanäle zu mir.«

»Ich habe unbegrenzte Wahlmöglichkeiten. Überall bieten sich mir Chancen.«

»Ich glaube daran, dass wir hier sind, um einander zu helfen und zu unterstützen. Ich drücke diesen Glauben in meinen täglichen Handlungen und Worten aus.«

»Ich unterstütze andere darin, erfolgreich zu werden, und deswegen unterstützt mich das Leben auf wundersame Weise.«

»Ich tue jetzt die Arbeit, die ich liebe, und ich werde gut dafür bezahlt.«

»Es ist ein Vergnügen, mit dem Geld umzugehen, das heute zu mir kommt. Einen Teil davon spare ich, einen anderen gebe ich aus.«

»Ich lebe in einem liebenden, harmonischen Universum des Überflusses und ich bin dankbar dafür.«

»Ich bin nun bereit, mich dem unbegrenzten Reichtum zu öffnen, der überall existiert.«

»Das Leben befriedigt all meine Bedürfnisse im Überfluss. Ich vertraue dem Leben.«

»Geld ist ein Geisteszustand, der mich unterstützt. Ich gestatte es dem Wohlstand auf einem noch höheren Niveau als bisher in mein Leben zu treten.«

»Das Gesetz der Anziehung bringt nur Gutes in mein Leben.«

»Ich verwandele mein Armutsbewusstsein in Erfolgsbewusstsein. Meine finanzielle Situation spiegelt diesen Wandel wider.«

»Ich erfreue mich finanzieller Sicherheit, die eine Konstante meines Lebens ist.«

»Je dankbarer ich für den Reichtum und Überfluss in meinem Leben bin, desto mehr Gründe finde ich, dankbar zu sein.«

»Ich strahle Erfolg aus und bin bei allem, was ich unternehme, erfolgreich.«

»Ich drücke meine Dankbarkeit für all das Gute in meinem Leben aus. Jeder Tag bringt mir wunderbare Überraschungen.«

»Ich bezahle alle Rechnungen mit Liebe und freue mich über jede Überweisung, die ich mache. Der Überfluss strömt ungehindert durch mich hindurch.«

»In diesem Augenblick stehen enormer Reichtum und große Macht für mich bereit. Ich entscheide mich dafür, ihrer würdig zu sein und sie verdient zu haben.«

»Ich verdiene das Beste und ich akzeptiere jetzt das Beste.«

»Ich gebe jeden Widerstand gegen Geld auf und gestatte ihm jetzt freudig, in mein Leben zu strömen.«

»Von überall und von allen kommt Gutes auf mich zu.«

4

Kreativität

Niemand kann sich kreativ ausdrücken, wenn er von sich denkt oder sagt, er sei ungeschickt. Wenn Sie sagen: »Ich bin total unkreativ«, dann ist dies eine Affirmation, die so lange wahr bleiben wird, wie Sie sie gebrauchen.

In Wahrheit werden auch Sie von einer Ihnen angeborenen Kreativität durchströmt und wenn Sie sie herauslassen, werden Sie von ihr freudig überrascht sein. Auch Sie haben Teil am kreativen

Energiefluss im Universum. Manche Menschen mögen sich kreativer ausdrücken als andere, aber ein jeder von uns ist dazu in der Lage.

Jeden Tag erschaffen wir unser Leben. Alle haben wir einzigartige Talente und Fähigkeiten. Unglücklicherweise erlebten zu viele von uns in der Kindheit, wie wohlmeinende Erwachsene diese Kreativität unterdrückten. Ich hatte zum Beispiel eine Lehrerin, die mir einmal sagte, ich könne nicht tanzen, weil ich zu groß sei. Einem Freund wurde gesagt, er könne nicht zeichnen, nur weil er den falschen Baum gemalt hatte. Da wir gehorsame Kinder waren, glaubten wir diesen Aussagen. Aber nun können wir sie hinter uns lassen.

Eine weitere falsche Annahme ist die, dass man Künstler sein muss, um kreativ zu sein. Kunst ist *eine* Form der Kreativität, aber es gibt viele andere. Schließlich erschaffen Sie jeden Augenblick Ihres Lebens – von der ganz gewöhnlichen Erschaffung neuer Zellen in Ihrem Körper über Ihre emotionalen Reaktionen, Ihren Job oder Ihr Bankkonto bis hin zu Ihren Beziehungen oder Ihrer Meinung über sich selbst. Das alles sind Ausdrucksformen von Kreativität.

Sie könnten ein echter Experte im Bettmachen sein, köstliche Speisen kochen oder Ihren Job kreativ ausfüllen; Sie könnten ein Künstler im Garten sein oder kreative Möglichkeiten finden, anderen Menschen gegenüber Güte zu zeigen. Dies sind nur ein paar der Millionen Möglichkeiten, sich kreativ auszudrücken. Ganz gleich, für welche Sie sich auch entscheiden, Sie sollten von allem, was Sie tun, tief befriedigt und erfüllt sein.

Der göttliche Geist führt Sie jederzeit. Begreifen Sie, dass das Göttliche keine Fehler macht. Wenn Sie ein starkes Verlangen verspüren, sich auszudrücken oder etwas zu erschaffen, dann sollten Sie verstehen, dass dieses Gefühl die göttliche Unzufriedenheit ist. Ihre Sehnsucht ist Ihre Berufung und ganz gleich, worin sie auch bestehen mag, wenn Sie ihr folgen, werden Sie geführt, beschützt und ganz sicher zum Erfolg geleitet. Wenn sich Ihnen eine Bestimmung oder ein Weg eröffnet, dann haben Sie die Wahl, einfach zu vertrauen und sich hinzugeben oder in der Angst stecken zu bleiben. Der Schlüssel besteht darin, der Ihnen innewohnenden Vollkommenheit zu vertrauen. Ich weiß, dass das Angst machen kann.

Jeder Mensch hat Angst vor irgendetwas, aber Sie können es trotzdem. Denken Sie daran, dass das Universum Sie liebt und dass es möchte, dass Sie bei allem, was Sie tun, erfolgreich sind.

Sie drücken sich jeden Augenblick jedes Tages kreativ aus. Wenn Sie das verstehen, können Sie jetzt auch alle falschen Überzeugungen aufgeben, Sie seien nicht kreativ, und jedes Projekt angehen, das Ihnen in den Sinn kommt.

Begehen Sie niemals den Fehler zu glauben, dass Sie für irgendetwas zu alt seien. Mein Leben bekam erst einen Sinn, als ich bereits Mitte 40 war und anfing zu lehren. Mit 50 gründete ich meinen eigenen Mini-Verlag. Mit 55 wagte ich mich in die Welt der Computer vor, nahm Unterricht und überwand meine Furcht vor ihnen. Mit 60 legte ich meinen ersten Garten an und bin seitdem eine begeisterte Bio-Gärtnerin geworden, die ihr eigenes Gemüse anbaut. Mit 70 schrieb ich mich in eine Malklasse für Kinder ein. Einige Jahre später änderte ich meine Handschrift von

Grund auf – inspiriert durch die Autorin Vimala Rogers, die das Buch *Ihre Handschrift kann Ihr Leben verändern* verfasst hat. Mit 75 stieg ich in eine Malklasse für Erwachsene auf und fing an, meine ersten Bilder zu verkaufen. Meine Kunstlehrerin schlägt vor, dass ich mich als Nächstes mit der Bildhauerei befasse. Und vor kurzem habe ich angefangen, Yoga zu üben.

Ich liebe es, Dinge zu lernen, die ich bisher noch nicht konnte. Wer weiß, was ich in Zukunft noch alles machen werde. Was ich aber sicher weiß, ist, dass ich bis zu dem Tag, an dem ich diesen Planeten verlasse, meine Affirmationen aufsagen und mich auf immer neue Weise kreativ ausdrücken werde.

Wenn es ein bestimmtes Projekt gibt, an dem Sie gern arbeiten möchten oder wenn Sie einfach nur ganz allgemein kreativer sein wollen, können Sie die folgenden Affirmationen verwenden. Gebrauchen Sie sie frohen Herzens, während Sie Ihre Kreativität in 1001 verschiedenen Projekten freisetzen.

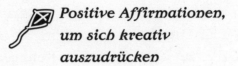 **Positive Affirmationen, um sich kreativ auszudrücken**

»Ich gebe jeden Widerstand dagegen auf, meine Kreativität vollständig auszudrücken.«

»Ich befinde mich immer in Kontakt mit meiner kreativen Quelle.«

»Ich erschaffe leicht und mühelos, wenn ich meine Gedanken aus dem Innern meines liebenden Herzens kommen lasse.«

»Jeden Tag tue ich etwas Neues – oder zumindest etwas anderes.«

»Auf jedem Gebiet, für das ich mich entscheide, sind ausreichend Zeit und genügend Möglichkeiten für kreativen Ausdruck vorhanden.«

»Meine Familie unterstützt mich bedingungslos darin, meine Träume wahr werden zu lassen.«

»All meine kreativen Projekte bringen mir tiefe Befriedigung.«

»Ich weiß, dass ich in meinem Leben Wunder vollbringen kann.«

»Ich fühle mich gut, wenn ich mich auf jede erdenkliche Weise kreativ ausdrücke.«

»Ich bin mein einzigartiges Selbst: besonders, kreativ und wunderbar.«

»Ich richte meine kreativen Talente auf Musik, Kunst, Tanz oder Schreiben – auf alles, was mir Vergnügen bereitet.«

»Der Schlüssel zur Kreativität liegt darin, mir bewusst zu sein, dass meine Erfahrungen durch mein Denken erzeugt werden. Diesen Schlüssel setze ich in jedem Bereich meines Lebens ein.«

»Ich denke klar und drücke mich mit Leichtigkeit aus.«

»Ich lerne, jeden Tag etwas kreativer zu sein.«

»Mein Job gestattet es mir, meine Talente und Fähigkeiten einzusetzen. Ich bin dankbar, dass ich sie in ihm anwenden kann.«

»Mein Potenzial ist unbegrenzt.«

»Ich entdecke Talente, von denen ich gar nicht wusste, dass ich sie habe.«

»Meine angeborene Kreativität überrascht und erfreut mich.«

»Ich bin in Sicherheit und bei allem, was ich tue, erfüllt.«

»Meine Talente sind gefragt und meine einzigartigen Gaben werden von den Menschen meiner Umgebung geschätzt.«

»Das Leben ist niemals festgefahren, es stagniert nicht und ist auch nie fade, denn jeder Augenblick ist immer wieder neu und frisch.«

»Mein Herz ist das Zentrum meiner Macht. Ich folge meinem Herzen.«

»Ich bin ein froher, kreativer Ausdruck des Lebens.«

»Ideen strömen mir leicht und mühelos zu.«

5

Beziehungen und Liebe

Für viele von uns steht die Liebesbeziehung im Leben an erster Stelle. Unglücklicherweise fühlt sich nicht immer der richtige Partner angezogen, wenn wir auf die Jagd nach Liebe gehen, weil der wirkliche Grund, aus dem wir Liebe wollen, nicht klar ist. So denken manche: »Ach, wenn ich doch nur jemanden hätte, der mich liebt, dann wäre mein Leben so viel besser.« Aber so funktioniert das nicht.

Es besteht ein großer Unterschied zwischen dem Bedürfnis nach Liebe und Bedürftigkeit. Bedürftig zu sein bedeutet, dass Sie die Liebe und Anerkennung der wichtigsten Person in Ihrem Leben vermissen: Ihre eigene. Als Folge werden Sie sich auf Beziehungen einlassen, die von gegenseitiger Abhängigkeit gekennzeichnet und für beide Partner unbefriedigend sind.

Es ist unmöglich, Liebe in Ihr Leben zu bringen, indem Sie daran denken oder darüber sprechen, wie einsam Sie doch sind. Einsame und bedürftige Menschen stoßen nämlich andere Menschen ab. Sie werden auch keine einzige Beziehung dadurch heilen können, indem Sie daran denken oder darüber sprechen, wie furchtbar sie doch ist. Das konzentriert die Aufmerksamkeit nur auf das, was falsch läuft. Sie sollten Ihre Gedanken besser vom Problem abwenden und neue Gedanken denken, die eine Lösung herbeiführen. Über Grenzen und Einschränkungen zu reden heißt nichts anderes, als sich zu widersetzen, und Widerstand ist nichts weiter als eine Verzögerungstaktik – eine andere Art zu sagen: »Ich bin nicht gut genug, um das zu bekommen, was ich mir wünsche.«

Die erste Beziehung, die Sie verbessern sollten, ist die zu sich selbst. Wenn Sie mit sich selbst ins Reine kommen, dann werden sich auch alle anderen Beziehungen verbessern. Ein glücklicher Mensch ist für andere einfach sehr attraktiv. Wenn Sie sich mehr Liebe wünschen, dann sollten Sie sich selbst mehr lieben. Das bedeutet: sich nicht zu kritisieren, sich nicht zu beklagen, sich nicht die Schuld für irgendetwas zu geben, nicht zu jammern und sich nicht dafür zu entscheiden, sich einsam zu fühlen. Es bedeutet, im gegenwärtigen Augenblick mit sich selbst zufrieden zu sein und sich dafür zu entscheiden, Gedanken zu denken, die Sie *jetzt* glücklich machen.

Es gibt nicht nur eine Möglichkeit, Liebe zu erfahren, denn wir alle erleben Liebe anders. Manche von uns müssen die Liebe körperlich fühlen, sie wollen berührt und umarmt werden, damit sie Liebe wirklich erleben können. Andere müssen die Worte »Ich liebe dich« hören, um sich geliebt zu fühlen. Wieder andere brauchen einen sichtbaren Liebesbeweis, zum Beispiel Blumen. Oft können wir Liebe auf die Weise am besten annehmen, auf die wir sie auch am besten zeigen können.

Ich schlage vor, dass Sie anfangen, sich selbst ununterbrochen zu lieben. Zeigen Sie die wachsende Liebe zu sich selbst. Gönnen Sie sich Liebe und Romantik. Zeigen Sie sich selbst, wie besonders Sie sind. Verwöhnen Sie sich. Stellen Sie sich Blumen ins Haus und umgeben Sie sich mit den Farben, Stoffen und Düften, die Ihnen gefallen. Das Leben spiegelt uns immer unsere Gefühle wider. Wenn Sie ein inneres Gespür für Liebe und Romantik entwickeln, wird die richtige Person, die dieses wachsende Gefühl der Intimität mit Ihnen teilen kann, magnetisch von Ihnen angezogen werden.

Wenn Sie sich vom Einsamkeitsdenken zum Erfüllungsdenken weiterentwickeln wollen, dann sollten Sie darüber nachdenken, wie Sie eine liebevolle Atmosphäre in und um sich herum erschaffen können. Lassen Sie all die negativen Gedanken in Bezug auf Liebe und Romantik einfach verschwinden und denken Sie stattdessen daran, Liebe, Anerkennung und Akzeptanz mit allen Menschen zu teilen, denen Sie begegnen.

Wenn Sie fähig sind, zur Erfüllung Ihrer eigenen Bedürfnisse beizutragen, dann werden Sie nicht mehr so bedürftig und von anderen abhängig sein. Im Grunde geht es immer darum, wie sehr Sie sich selbst lieben. Wenn Sie sich wirklich lieben, dann sind Sie immer in Ihrer Mitte, ruhig und voller Selbstvertrauen. Dann werden Ihre privaten und beruflichen Beziehungen einfach wunderbar sein. Sie werden merken, dass Sie auf Situationen und Menschen anders reagieren. Dinge, die einmal furchtbar wichtig zu sein schienen, verlieren an Bedeutung. Neue Menschen werden in Ihr Leben treten und einige alte werden sich vermutlich daraus verabschieden – was zunächst Angst machen kann, aber letztlich ganz wunderbar, erfrischend und aufregend ist.

Sobald Sie dieses Thema für sich selbst geklärt haben und wissen, was Sie von einer Beziehung wollen, müssen Sie ausgehen und Menschen kennen lernen. Niemand wird plötzlich vor Ihrer Tür stehen. Eine gute Möglichkeit, Menschen kennen zu lernen, ist an einer Selbsthilfegruppe oder einem Seminar teilzunehmen. Dabei lernen Sie Menschen kennen, die sich für dieselben Dinge interessieren und ähnlich denken. Es ist erstaunlich, wie schnell Sie neue Freunde finden werden.

Seien Sie immer offen und empfänglich, dann wird das Universum reagieren und Ihnen das für Sie Beste schenken.

Denken Sie daran: Wenn Sie frohe Gedanken denken, werden Sie ein glücklicher Mensch und all Ihre Beziehungen werden sich verbessern.

Positive Affirmationen, um Liebe anzuziehen

»Ab und zu frage ich die Menschen, die ich liebe: ›Wie kann ich euch noch mehr lieben?‹«

»Ich entscheide mich, klar mit den Augen der Liebe zu sehen. Ich liebe, was ich sehe.«

»Liebe geschieht einfach! Ich gebe das verzweifelte Suchen nach Liebe auf und erlaube der Liebe stattdessen mich zu finden, wenn die Zeit dafür reif ist.«

»Ich ziehe Liebe und Romantik an und akzeptiere sie jetzt.«

»Liebe ist überall, und meine ganze Welt ist von Freude erfüllt.«

»Ich bin auf diesen Planeten gekommen, um zu lernen, mich selbst zu lieben und diese Liebe mit allen Menschen zu teilen.«

»Mein Partner ist die Liebe meines Lebens. Wir lieben uns innig.«

»Das Leben ist ganz einfach: Was ich aussende, das kommt zu mir zurück. Heute entscheide ich mich dafür, Liebe auszusenden.«

»Ich freue mich über die Liebe, der ich jeden Tag begegne.«

»Ich schaue gern in den Spiegel und sage: ›Ich liebe dich. Ich liebe dich wirklich.‹«

»Ich verdiene jetzt Liebe, Romantik und Freude und all das Gute, das mir das Leben zu bieten hat.«

»Die Liebe ist mächtig – deine Liebe und meine Liebe. Liebe bringt uns Frieden auf Erden.«

»Es gibt nichts außer Liebe!«

»Ich bin von Liebe umgeben. Alles ist gut.«

»Mein Herz ist offen. Ich spreche liebevolle Worte aus.«

»Ich habe einen wunderbaren Geliebten. Wir sind beide glücklich und von innerem Frieden erfüllt.«

»Im Zentrum meines Wesens befindet sich ein unerschöpflicher Liebesquell.«

»Ich bin in einer freudvollen, intimen Beziehung mit einem Menschen, der mich wirklich liebt.«

»Ich handle aus meinem liebenden Herzen heraus und ich weiß, dass Liebe alle Türen öffnet.«

»Ich bin schön und alle lieben mich. Wohin ich auch gehe, begegnet mir Liebe.«

»Ich fühle mich in meinen Beziehungen sicher und ich gebe und empfange viel Liebe.«

»Ich ziehe nur gesunde Beziehungen an. Ich werde immer gut behandelt.«

»Ich bin für all die Liebe in meinem Leben sehr dankbar. Ich begegne ihr überall.«

»Langjährige, liebevolle Beziehungen sind die Sonne meines Lebens.«

6

Beruflicher Erfolg

Im Berufsleben Erfolg zu haben ist für viele Menschen ein großes Problem. Doch der Trick liegt darin, Ihre Sichtweise zu ändern. Sie werden niemals Spaß an Ihrem Job haben, wenn Sie ihn hassen oder Ihren Chef nicht ausstehen können. Was für eine furchtbare Affirmation! Mit einer solchen Einstellung wird es Ihnen unmöglich sein, einen tollen Job anzuziehen. Wenn Sie Ihre Zeit am Arbeitsplatz genießen wollen, dann müssen Sie

Ihr Denken ändern. Ich bin der Überzeugung, dass wir im Berufsleben jeden Menschen, jeden Ort und jedes Ding mit Liebe segnen sollten. Fangen Sie mit Ihrem derzeitigen Job an. Bekräftigen Sie, dass dieser das Sprungbrett zu einer besseren Stelle ist.

Sie haben Ihren jetzigen Arbeitsplatz aufgrund dessen, was Sie in der Vergangenheit geglaubt haben. Sie haben ihn durch Ihr Denken angezogen. Vielleicht haben Sie Ihre Einstellung gegenüber der Arbeit von Ihren Eltern gelernt. Das spielt aber keine Rolle, da Sie Ihr Denken *jetzt* ändern können. Segnen Sie also Ihren Chef, Ihre Kollegen, den Ort, das Gebäude, die Fahrstühle oder Treppen, die Büros, die Möbel und jeden einzelnen Kunden. Dadurch erzeugen Sie in sich ein liebevolles mentales Klima, auf das Ihre gesamte Umgebung reagieren wird.

Ich habe niemals verstanden, welchen Sinn es haben soll, andere Menschen am Arbeitsplatz herabzusetzen oder gar anzuschreien. Wenn Sie Firmeninhaber, Manager oder Vorarbeiter sind, sollten Sie sich fragen, wie andere ihr Bestes geben können, wenn sie eingeschüchtert oder verärgert sind. Wir alle möchten doch anerkannt, gewürdigt und ermutigt werden. Wenn Sie Ihre Angestellten unterstützen und sie mit Respekt behandeln, werden sie ihr Bestes geben.

Bitte glauben Sie nicht, dass es schwer ist, eine Stelle zu bekommen. Das mag zwar für viele Menschen zutreffen, aber es muss nicht auf Sie zutreffen. Sie brauchen nur einen einzigen Job und Ihr Bewusstsein wird Ihnen den Weg dorthin eröffnen. Vertrauen Sie nicht der Stimme der Angst. Wenn Sie von negativen Trends in Ihrer Branche oder in der Gesamtwirtschaft hören, affirmieren Sie sofort: »Das mag auf manche Menschen zutreffen, aber auf mich trifft es nicht zu. Ich bin erfolgreich – ganz gleich, wo ich bin oder was sonst passiert.«

Viele Menschen bitten mich um Affirmationen, die ihre Beziehungen am Arbeitsplatz angenehmer machen, denn für nicht wenige stellt dies ein großes Problem dar. Ich bin mir stets bewusst, dass alles, was ich gebe, vervielfacht zu mir zurückkehrt. Das gilt überall – auch am Arbeitsplatz. In Bezug auf das Berufsleben ist es wichtig zu wissen, dass jeder Arbeitnehmer (und jeder Arbeitgeber) durch das Wirken der Liebe zu seinem Arbeitsplatz hingezogen wurde und dass sich jeder an dem vom Göttlichen inspirierten, für ihn im Augenblick richtigen Platz befindet. Die göttliche Harmonie durchdringt uns alle und wir können am Arbeitsplatz auf produktive und frohe Weise zusammenarbeiten.

Es gibt keine Probleme, für die es nicht auch Lösungen gibt. Es gibt auch keine Fragen ohne Antworten. Entscheiden Sie sich dafür, über das Problem hinauszugehen, um die göttlich inspirierte Lösung für jede Art von Unstimmigkeit zu finden. Erklären Sie sich bereit, aus jeder Unstimmigkeit oder Verwirrung zu lernen. Es ist besonders wichtig, jegliche Schuldzuweisungen aufzugeben und sich nach innen zu wenden, um die Wahrheit zu finden. Seien Sie auch bereit, alle Denkmuster aufzugeben, die zu einer Situation beigetragen haben.

Sie wissen, dass Sie bei allem, was Sie tun, Erfolg haben. Sie sind vom göttlichen Licht erfüllt und produktiv. Sie dienen anderen bereitwillig und frohen Herzens. Göttliche Harmonie durchdringt und umgibt Sie und jeden einzelnen Menschen an Ihrem Arbeitsplatz.

Wenn Ihnen Ihre Arbeit gefällt, Sie aber das Gefühl haben, nicht genug zu verdienen, dann segnen Sie Ihr gegenwärtiges Gehalt. Indem Sie Ihre Dankbarkeit für das Einkommen ausdrücken, das Sie jetzt haben, kann es wachsen. Und bitte hören Sie sofort damit auf, sich über Ihren Job oder Ihre Kollegen zu beklagen. Es war Ihr Bewusstsein, das Sie an den Ort gebracht hat, an dem Sie sich jetzt befinden. Ein anderes Bewusstsein kann Ihnen eine höhere Position bringen. Sie können es erschaffen!

Am Arbeitsplatz gibt es einige Dinge, die Sie tun können, um Spannungen abzubauen. Hier ein paar Vorschläge:

1. Bevor Sie zur Arbeit gehen, führen Sie diese einfache Atemübung aus: Setzen Sie sich bequem hin und konzentrieren Sie sich auf Ihren Atem. Wenn Sie bemerken, dass Gedanken auftauchen, bringen Sie Ihre Aufmerksam-

keit zum Atem zurück. Schenken Sie sich mindestens zehn oder fünfzehn Minuten am Tag, um in der Stille zu verweilen. Daran ist nichts Schwieriges oder Kompliziertes.

2. Schreiben Sie die folgende Affirmation auf einen Zettel und bringen Sie diesen so an, dass Sie ihn von Ihrem Arbeitsplatz aus gut sehen können:
»Mein Arbeitsplatz ist ein friedlicher Ort der Zuflucht. Ich segne meinen Arbeitsplatz mit Liebe. Ich erfülle meine Umgebung mit Liebe und mein Job reagiert darauf mit Wärme und Behaglichkeit. Ich bin von innerem Frieden erfüllt.«

3. Wenn Sie an Ihren Chef denken, benutzen Sie die folgende Affirmation:
»Ich gebe nur das, was ich auch bekommen möchte. Meine Liebe und Akzeptanz gegenüber anderen wird mir auf jede erdenkliche Weise widergespiegelt.«

4. Weigern Sie sich, sich in irgendeiner Weise durch allzu menschliches Denken einschränken zu lassen. Ihr Leben kann von Liebe und Freu-

de erfüllt sein, weil Ihre Arbeit ein göttlicher Gedanke ist. Sagen Sie jeden Tag, bevor Sie zur Arbeit gehen, zu sich selbst:

»Ganz gleich, wo ich auch bin, überall existiert nur unendliche Güte, unergründliche Weisheit, uneingeschränkte Harmonie und unermessliche Liebe.«

Positive Affirmationen für beruflichen Erfolg

»Mein Job ermöglicht es mir, meine Talente und Fähigkeiten auszudrücken. Ich bin dankbar für diese Anstellung.«

»Die Freude, die ich im Beruf finde, spiegelt sich in meinem allgemeinen Glück wider.«

»Es fällt mir leicht, Entscheidungen zu treffen. Ich begrüße neue Ideen und ich stehe zu meinem Wort.«

»An meinem Arbeitsplatz unterstützen meine Kollegen und ich unser gegenseitiges Wachstum und unseren Erfolg.«

»Wenn ich morgens aufwache, erwarte ich einen guten Tag. Meine Erwartungshaltung zieht positive Erfahrungen an.«

»Der perfekte Job sucht nach mir und wir werden einander jetzt begegnen.«

»Ich bin davon überzeugt, dass wir hier sind, um einander zu segnen und zum Erfolg zu verhelfen. Ich drücke diese Überzeugung in all meinen Handlungen aus.«

»Ich entscheide mich für gesunde Anregungen. Während der Arbeitspausen rede ich auf positive Weise mit anderen und höre ihnen voller Mitgefühl zu.«

»Es fällt mir leicht, vor anderen zu sprechen. Ich habe Vertrauen zu mir selbst.«

»Wenn es Zeit für einen neuen Job ist, präsentiert sich die neue Stelle mühelos.«

»Wenn ich bei der Arbeit Probleme habe, bin ich bereit, um Hilfe zu bitten.«

»Ich erzeuge am Arbeitsplatz gute Gefühle. Ich erkenne an, dass im Universum bestimmte Gesetze herrschen, und ich arbeite mit diesen Gesetzen in jedem Bereich meines Lebens.«

»Ich weiß, dass ich auf jede erdenkliche Weise belohnt werde, wenn ich im Job mein Bestes gebe.«

»Beschränkungen sind einfach nur Möglichkeiten des Wachstums. Ich benutze sie als Sprungbrett zum Erfolg.«

»Überall bieten sich mir Chancen. Ich habe eine Unzahl von Wahlmöglichkeiten.«

»Ich bin der Star in meinem eigenen Film. Zudem bin ich Drehbuchautor und Regisseur. In meinem Berufsleben erschaffe ich mir herrliche Rollen.«

»Ich kann gut mit Autorität umgehen und werde meinerseits respektiert.«

»Es ist Teil des Lebenssinns, mit anderen zusammenzuarbeiten. Ich liebe die Menschen, mit denen ich arbeite.«

»Ich verdiene es, erfolgreich zu sein. Ich akzeptiere dies jetzt.«

»Alle, denen ich heute am Arbeitsplatz begegne, haben mein Bestes im Sinn.«

»Mein Job unterstützt die Entfaltung meines höchsten Potenzials. Ich habe bei allem, was ich tue, Erfolg.«

»Ich bin sehr gut darin, andere zu unterstützen und ihnen positives Feedback zu geben.«

»Ich besitze ein unbegrenztes Potenzial. Nur Gutes liegt vor mir.«

»Es ist ein Vergnügen, an meinem Arbeitsplatz zu sein. Unter allen Kollegen herrscht gegenseitiger Respekt.«

7

Leben ohne Stress

Dies ist der Augenblick, in dem Sie Ihr Leben entweder genießen oder nicht genießen. Ihre Gedanken bestimmen, wie Sie sich jetzt in diesem Moment in Ihrem Körper fühlen, und sie erschaffen Ihre zukünftigen Erfahrungen. Wenn Sie sich von jeder Kleinigkeit stressen lassen und aus jeder Mücke einen Elefanten machen, werden Sie niemals inneren Frieden finden.

Wir sprechen heutzutage viel über Stress. Jeder

scheint von irgendetwas gestresst zu sein. Stress ist ein Modewort geworden, das wir so oft benutzen, dass ich meine, es ist mittlerweile zu einer billigen Ausrede verkommen. »Ich bin so gestresst!« oder »Das ist so stressig!« oder »Der ganze Stress!« Stress, Stress, Stress.

Ich halte Stress einfach für eine Angstreaktion auf die ständigen Veränderungen des Lebens. Stress muss als Ausrede dafür herhalten, dass wir die Verantwortung für unsere Gefühle nicht übernehmen. Wenn es uns gelingt, irgendjemand oder irgendetwas da draußen die Schuld zu geben, können wir weiterhin das unschuldige Opferlamm spielen. Aber Opfer zu sein fühlt sich nicht gut an und es ändert auch nichts an der Situation.

Häufig stressen wir uns einfach deshalb, weil unsere Prioritäten nicht klar sind. So viele von uns glauben, dass Geld das Wichtigste im Leben sei, aber das ist einfach nicht wahr. Es gibt etwas viel Wichtigeres und Kostbareres für uns – etwas, ohne das wir nicht leben könnten. Was das ist? Unser Atem.

Unser Atem ist die kostbarste Substanz in unserem Leben und doch gehen wir völlig selbstverständlich davon aus, dass nach jedem Ausatmen der nächste Atemzug kommen wird. Würden wir nicht wieder einatmen, wir könnten keine drei Minuten überleben. Wenn uns die Macht, die uns erschaffen hat, genug Atem gegeben hat, um damit bis ans Ende unserer Tage auszukommen, sollten wir dann nicht das Vertrauen aufbringen, dass auch alle anderen Bedürfnisse erfüllt werden?

Wenn wir darauf vertrauen, dass das Leben sich schon um all unsere kleinen Probleme kümmern wird, dann löst sich der Stress ganz einfach auf.

Sie können es sich nicht leisten, Zeit an negative Gedanken oder Gefühle zu verschwenden, weil dadurch nur noch mehr von dem kreiert wird, wovon Sie sagen, dass Sie es nicht wollen. Wenn Sie positive Affirmationen aufsagen und nicht die gewünschten Ergebnisse bekommen, sollten Sie überprüfen, wie oft Sie sich jeden Tag gestatten, sich aufzuregen oder sich schlecht zu fühlen. Diese Gefühle sind wahrscheinlich genau das, was Sie frustriert. Sie verzögern die Verwirklichung Ihrer Affirmationen und halten den Fluss des Guten an.

Wenn Sie das nächste Mal bemerken, wie

gestresst Sie sind, fragen Sie sich, wovor Sie Angst haben. Stress ist nichts weiter als Angst – so einfach ist das. Aber Sie müssen vor dem Leben oder vor Ihren eigenen Gefühlen keine Angst haben. Finden Sie heraus, was Sie sich selbst antun, wodurch Sie diese Angst erzeugen. Ihre inneren Ziele sind doch Freude, Harmonie und Friede.

Harmonie bedeutet, mit sich selbst in Frieden zu sein. Es ist nicht möglich, gleichzeitig Stress und innere Harmonie zu erleben. Wenn Sie von Frieden erfüllt sind, machen Sie stets nur eine Sache auf einmal. Sie lassen es nicht zu, dass Ihnen irgendetwas über den Kopf wächst.

Wenn Sie sich also wieder einmal gestresst fühlen, tun Sie etwas, um die Angst aufzulösen. Atmen Sie tief durch oder gehen Sie spazieren. Affirmieren Sie:

»Ich bin die einzige Macht in meiner Welt und ich erschaffe mir ein friedvolles, liebevolles, freudvolles, erfülltes Leben.«

Möchten Sie denn nicht durchs Leben gehen und sich sicher fühlen? Dann geben Sie einem kleinen Wort wie »Stress« nicht so viel Macht. Benutzen Sie es nicht als Ausrede, um Spannung in Ihrem Körper zu erzeugen. Nichts – kein Mensch, kein Ort und keine Sache – hat irgendwelche Macht über Sie. Sie sind der einzige Denker in Ihrem Geist und es sind Ihre Gedanken, die Ihr Leben erschaffen.

Üben Sie sich also darin, Gedanken zu denken, die Ihnen ein gutes Gefühl geben. Auf diese Weise erschaffen Sie Ihr Leben immer aus Freude und in Freude. Und Freude erzeugt immer mehr von dem, worüber Sie sich freuen können.

Affirmationen für ein stressfreies Leben

»Ich lasse alle meine Ängste und Zweifel los. Dadurch wird mein Leben einfach und leicht.«

»Ich lasse alle Kindheitsängste los. Ich bin ein selbstsicherer, machtvoller Mensch.«

»Ich entspanne meine Nackenmuskeln und lasse alle Verspannungen in meinen Schultern los.«

»Ich atme langsam ein und aus und merke, wie ich mich mit jedem Atemzug mehr entspanne.«

»Ich bin fähig und ich kann mit allem umgehen, was auf mich zukommt.«

»Ich bin zentriert und konzentriert. Ich fühle mich jeden Tag sicherer.«

»Ich bin gelassen und emotional ausgeglichen.«

»Ich fühle mich in meiner eigenen Gesellschaft wohl und ich fühle mich in der Gesellschaft anderer Menschen wohl.«

»Ich fühle mich sicher, wenn ich meine Gefühle ausdrücke. Ich kann in jeder Situation heiter und gelassen sein.«

»Ich habe wunderbare Beziehungen zu meinen Freunden, meiner Familie und meinen Kollegen. Ich werde geschätzt.«

»Ich kann gut mit Geld umgehen. Ich kann meine Rechnungen immer pünktlich bezahlen.«

»Finanzielle Sicherheit erlaubt es mir, mich zu entspannen und zuversichtlich in die Zukunft zu blicken.«

»Ich befinde mich überall in einer liebevollen Atmosphäre – sowohl zu Hause als auch am Arbeitsplatz.«

»Ich vertraue darauf, dass ich mit allen Problemen umgehen kann, die im Laufe des Tages auftauchen können.«

»Ich erschaffe mir eine stressfreie Welt.«

»Wenn ich mich verspannt fühle, denke ich daran, alle Muskeln und Organe meines Körpers zu entspannen.«

»Ich erkenne an, dass Stress nichts weiter als Angst ist. Ich lasse nun alle meine Ängste los.«

»Ich lasse jede Negativität los, die in meinem Körper und Geist steckt.«

»Ich bin dabei, in allen Bereichen meines Lebens positive Veränderungen einzuleiten.«

»Ich besitze die Stärke, im Angesicht des Wandels ruhig zu bleiben.«

»Ich bin bereit zu lernen. Je mehr ich lerne, desto mehr wachse ich.«

»Ganz gleich, wie alt ich sein mag, ich kann immer noch etwas dazulernen. Ich tue das voller Selbstvertrauen.«

»Ich meditiere regelmäßig und ziehe Nutzen aus meiner Meditationspraxis.«

»Ich schließe die Augen, denke positive Gedanken und atme Güte ein und aus.«

8

Selbstwertgefühl

Sie werden niemals ein gutes Selbstwertgefühl haben, solange Sie sich selbst gegenüber negative Gedanken hegen.

Selbstwert bedeutet, sich mit sich selbst wohl zu fühlen. Wenn Sie das tun, entwickeln Sie Selbstvertrauen. Und Selbstvertrauen stärkt das Selbstwertgefühl – beide schaukeln sich gegenseitig hoch. Sobald Sie einmal in diesen Rhythmus hineingefunden haben, können Sie fast alles erreichen.

Selbstwertgefühl hat damit zu tun, was Sie über sich selbst denken. Und Sie sind frei zu denken, was immer Sie wollen. Aus welchem Grund sollten Sie sich dann selbst klein machen?

Als Sie geboren wurden, waren Sie voller Selbstvertrauen. Sie kamen auf diese Welt und wussten einfach, wie wunderbar Sie sind. Als kleines Baby waren Sie schlicht vollkommen. Sie mussten nichts tun – Sie waren ja bereits perfekt – und Sie verhielten sich, als wären Sie sich dessen bewusst. Sie wussten, dass Sie der Mittelpunkt des Universums sind. Sie hatten keine Angst, nach dem zu verlangen, was Sie wollten. Sie drückten Ihre Gefühle völlig unbefangen aus. Ihre Mutter wusste, wenn Ihnen etwas nicht passte – und nicht nur sie, die ganze Nachbarschaft wusste es. Und wenn Sie glücklich waren, brachte Ihr Lachen den ganzen Raum zum Strahlen. Sie waren voller Liebe und Selbstvertrauen.

Neugeborene sterben, wenn sie keine Liebe bekommen. Wenn wir älter sind, lernen wir, ohne Liebe auszukommen, aber ein Neugeborenes kann das nicht ertragen. Außerdem lieben Babys jeden Zentimeter ihres Körpers – sogar ihren eigenen Kot. Sie kennen keine Schuldgefühle, haben keine Scham und stellen keine Vergleiche an. Sie wissen, dass sie einzigartig und ganz wunderbar sind.

Auch Sie waren einmal so. Dann übertrugen Ihre wohlmeinenden Eltern irgendwann während Ihrer Kindheit ihre eigene Unsicherheit auf Sie und brachten Ihnen bei, sich unzulänglich zu fühlen und Angst zu haben. Und in jenem Augenblick fingen Sie an, Ihre eigene Großartigkeit zu verleugnen. Aber diese Gedanken und Gefühle entsprachen niemals der Wahrheit – und ganz sicher ist *jetzt* nichts Wahres an ihnen.

Ich möchte Sie nun mit der Spiegelarbeit in eine Zeit zurückführen, in der Sie wirklich wussten, wie man sich selbst liebt.

Die Arbeit mit einem Spiegel ist sehr simpel und gleichzeitig sehr wirkungsvoll. Sie besteht einfach darin, in einen Spiegel zu schauen und dabei Ihre Affirmationen zu sprechen. Ein Spiegel reflektiert unsere wahren Gefühle. Während der Kindheit bekamen wir die meisten negativen Botschaften von Erwachsenen, die uns direkt in die Augen starrten oder mit dem Finger vor unserem Gesicht herumfuchtelten. Wenn wir heute in einen Spiegel schauen, sagen wir meistens etwas Negatives. Entweder kritisieren wir unser Aussehen oder wir machen uns wegen etwas anderem fertig.

Sich selbst in die Augen zu sehen und dabei eine positive Aussage zu machen ist einer der schnellsten Wege, mit Affirmationen positive Resultate zu erzielen. Ich bitte die Leute immer, sich – wenn Sie an einem Spiegel vorbeigehen – in die Augen zu schauen und etwas Positives zu sich selbst zu sagen.

Wenn im Laufe des Tages irgendetwas Unangenehmes passiert, gehen Sie sofort zu einem Spiegel und sagen Sie: »Ich liebe dich trotzdem.« Dinge und Situationen kommen und gehen, aber die Liebe zu sich selbst kann von Dauer sein. Sie ist das Wichtigste, was Sie im Leben besitzen. Wenn etwas Schönes geschieht, treten Sie vor den Spiegel und sagen: »Danke.« Würdigen Sie sich selbst dafür, dass Sie diese schöne Erfahrung kreiert haben.

Ich möchte, dass Sie sich am Morgen als Erstes und am Abend als Letztes in die Augen schauen und zu sich sagen: »Ich liebe dich. Ich liebe dich von ganzem Herzen. Und ich akzeptiere dich genau so, wie du bist.« Das mag am Anfang etwas schwierig sein, aber wenn Sie dabeibleiben, wird diese Affirmation schon bald für Sie wahr werden. Wäre das nicht schön?

Sie werden entdecken, dass mit der Liebe zu sich selbst auch der Respekt für sich selbst wächst, und dass alle Veränderungen, die notwendig sind, leichter vonstatten gehen, wenn Sie wissen, dass sie für Sie richtig sind. Liebe ist niemals dort draußen, sie ist immer in Ihnen. Je liebevoller Sie werden, desto liebenswerter werden Sie auch.

Entscheiden Sie sich also dafür, neue Gedanken über sich selbst zu denken und sich mit neuen Worten zu sagen, wie wunderbar Sie sind und dass Sie all das Gute verdient haben, das Ihnen das Leben zu bieten hat.

Affirmationen für ein neues Selbstwertgefühl

»Ich bin jeder Lage gewachsen.«

»Ich entscheide mich dafür, mich in meiner eigenen Gesellschaft wohl zu fühlen. Ich habe meine eigene Liebe verdient.«

»Ich stehe auf meinen eigenen Beinen. Ich akzeptiere meine Macht und setze sie ein.«

»Es spielt keine Rolle, was andere Menschen sagen oder tun. Wichtig ist nur, wie ich mich entscheide, darauf zu reagieren, und was ich von mir selbst halte.«

»Es ist sicher für mich, meine Interessen zu vertreten.«

»Ich atme tief durch und gestatte mir, mich zu entspannen. Mein ganzer Körper wird ruhiger.«

»Ich werde jetzt, in diesem Augenblick, genau so geliebt und akzeptiert, wie ich bin.«

»Ich sehe die Welt durch die Augen der Liebe und Akzeptanz. In meiner Welt ist alles gut.«

»Ich besitze ein ausgeprägtes Selbstwertgefühl, weil ich das ehre, was ich bin.«

»Ich gebe bereitwillig jedes Verlangen nach Kampf oder Leiden auf. Ich verdiene alles Gute im Leben.«

»Mein Leben wird mit jedem Tag besser. Ich freue mich darauf, was die nächste Stunde bringt.«

»Jetzt ist die einzige Zeit, in der ich lebe. Ich entscheide mich dafür, sie zu genießen.«

»Ich bin weder zu wenig noch zu viel und ich muss mich niemandem beweisen.«

»Heute kann mich kein Mensch, kein Ort und keine Sache irritieren oder ärgern. Ich entscheide mich dafür, heiter und gelassen zu sein.«

»Ich bin mir sicher, dass ich für jedes Problem, das ich erschaffe, auch eine Lösung finden werde.«

»Das Leben unterstützt mich auf jede erdenkliche Weise.«

»Mein Bewusstsein ist mit gesunden, positiven, liebevollen Gedanken angefüllt, die sich in meinen Erfahrungen widerspiegeln.«

»Ich gehe in dem Wissen durchs Leben, dass ich stets in Sicherheit bin und immer vom Göttlichen beschützt und geleitet werde.«

»Ich akzeptiere andere, wie sie sind. Und die anderen akzeptieren mich.«

»Ich bin wunderbar und ich fühle mich toll. Ich bin dankbar für mein Leben.«

»Ich bin ein strahlendes Wesen und genieße das Leben in vollen Zügen.«

»Ich besitze das Selbstwertgefühl, die Macht und das Selbstvertrauen, um im Leben mühelos voranzukommen.«

»Das größte Geschenk, das ich mir selbst machen kann, ist bedingungslose Liebe.«

»Ich liebe mich genau so, wie ich bin. Ich warte nicht mehr darauf, dass ich perfekt bin, bevor ich anfange, mich selbst zu lieben.«

Schlusswort

Sobald Sie Ihre Affirmationen gemacht haben, müssen Sie sie loslassen. Sie haben entschieden, was Sie wollen. Sie haben es in Gedanken und mit Worten bekräftigt. Nun müssen Sie Ihre Affirmationen dem Universum überlassen, damit die Gesetze des Lebens sie Ihnen erfüllen können.

Wenn Sie sich Sorgen machen und endlos darüber nachgrübeln, wie Ihre Affirmationen wohl wahr werden sollen, zögern Sie den ganzen Prozess nur unnötig hinaus. Es ist nicht Ihre Aufgabe, herauszufinden, auf welche Weise Ihre Affirmationen Wirklichkeit werden. Das Gesetz der

Anziehung funktioniert folgendermaßen: Sie erklären, dass Sie etwas haben, und dann bekommen Sie es vom Universum. Das Universum ist weitaus klüger als Sie und kennt alle möglichen Wege, auf denen Ihre Affirmationen wahr werden können. Der einzige Grund, aus dem sich die Verwirklichung Ihrer Affirmationen verzögert oder scheinbar nicht geschieht, ist der, dass ein Teil von Ihnen nicht daran glaubt, dass Sie es verdient haben. Es kann aber auch sein, dass Ihre alten Überzeugungen so stark sind, dass Sie Ihre neuen Affirmationen übertönen.

Wenn Sie erklären: »Mein Einkommen vergrößert sich«, und es tut das aber nicht, hegen Sie vielleicht die alte, tief verwurzelte Überzeugung, dass Sie es nicht verdient haben, erfolgreich zu sein. Vielleicht hatte Ihre Familie eine negative Grundeinstellung gegenüber Geld und ein Teil von Ihnen akzeptiert diese Haltung noch immer.

Als kleine Kinder waren wir so gehorsam, dass wir bereit waren, die Überzeugungen unserer Eltern dem Leben gegenüber anzunehmen. Und nun funktionieren wir ein Leben lang nach diesem Schema – genauer gesagt so lange, bis wir uns entscheiden, diese alten Überzeugungen unter die Lupe zu nehmen.

Vielleicht hat Ihr Vater oder Ihre Mutter ständig gestöhnt: »Es ist so schwer, genug Geld zu verdienen.« Jetzt haben Sie noch immer diesen Glauben – ohne sich dessen bewusst zu sein. Das Universum kann Ihnen aber erst dann ein höheres Einkommen bescheren, wenn Sie diesen Gedanken aufgeben.

Ich frage die Menschen häufig, welche Glaubenssysteme Ihre Familien in verschiedenen Bereichen hatten. Ist beispielsweise Wohlstand Ihr Thema, sollten Sie ein Blatt Papier nehmen und alles aufschreiben, was Ihre Familie während Ihrer Kindheit über Geld gesagt hat. Wenn Sie auf negative Aussagen stoßen (Denken Sie daran, dass dies alles Affirmationen Ihrer Familie waren!), dann besteht Ihre Aufgabe darin, diese negativen Überzeugungen in positive Affirmationen umzuwandeln. Wenn es Ihnen gelingt, sich von der Tyrannei der negativen Affirmationen Ihrer Eltern zu befreien, dann öffnen Sie sich in allen Lebensbereichen dem unermesslichen Strom der guten Dinge.

Lassen Sie sich nicht von Rückschlägen entmutigen. Sie lernen ja etwas völlig Neues. Wenn Sie erst einmal mit dem Prozess vertraut sind, wird Ihr Leben leichter und immer leichter werden.

Denken Sie daran:

Ganz gleich, wie wunderbar der jetzige Augenblick auch ist, die Zukunft kann noch erfüllter und herrlicher sein. Das Universum wartet stets mit einem Lächeln darauf, dass wir unser Denken mit seinen Gesetzen in Übereinstimmung bringen. Wenn wir im Einklang mit dem Universum sind, fließt alles wie von selbst. Es ist möglich. Sie können es. Ich kann es. Wir alle können es. Versuchen Sie es! Sie werden überrascht sein, wie sehr sich Ihre ganze Welt zum Besseren wendet.

Über Louise L. Hay

Louise L. Hay ist eine spirituelle Lehrerin und Bestsellerautorin, die zahlreiche erfolgreiche Bücher geschrieben hat. Ihre Werke sind in 25 Sprachen übersetzt worden und in 33 Ländern erschienen. Seit sie 1981 ihre Karriere als Geistliche von *Science of Mind* begonnen hat, hat Louise Hay Tausenden von Menschen dabei geholfen, das volle Potenzial ihres inneren Wachstums und ihrer Selbstheilungsmöglichkeiten zu entdecken und zu nutzen. Louise Hay ist Gründerin und Leiterin von *Hay House*, einem Verlag, der Bücher, Kassetten und Videos vertreibt, die zur Heilung unseres Planeten beitragen.

Um ein kostenloses Probeexemplar des *Louise Hay Newsletter* zu bekommen, rufen Sie bitte *Hay House* unter der Telefonnummer 001/760/ 43 17 695 an oder besuchen Sie die Website des Verlags unter www.hayhouse.com

Gila van Delden

Inspirierende Bücher für ein glückliches Leben

Nicht heulen, Husky!

384 Seiten
ISBN 978-3-453-18279-0

Mutter Erde, trage mich …

304 Seiten
ISBN 978-3-453-86475-7

… gib uns Herzen, die verstehen!

352 Seiten
ISBN 978-3-453-70058-1

Impulse zum Glücklichsein

176 Seiten
ISBN 978-3-453-70063-5

HEYNE‹

Das Programm für Lebensfreude und Erfolg

Gila van Delden
Lass dein Leben leuchten!

192 Seiten, gebunden
ISBN 978-3-7787-9182-0